CONSIDÉRATIONS

SUR

LES CAUSES AUXQUELLES IL FAUT ATTRIBUER

L'ÉTAT DE DÉPÉRISSEMENT

OU SE TROUVENT NOS COLONIES DES ANTILLES,

ET SUR LES MOYENS D'Y REMÉDIER.

PAR LE CHEVALIER DE FRASANS.

A PARIS,

CHEZ J. G. DENTU, IMPRIMEUR-LIBRAIRE,
rue des Petits-Augustins, nº 5 (ancien hôtel de Persan).

MDCCCXXII.

CONSIDÉRATIONS

SUR LES CAUSES

AUXQUELLES IL FAUT ATTRIBUER L'ÉTAT DE DÉPÉRISSEMENT

OU SE TROUVENT NOS COLONIES DES ANTILLES,

ET SUR LES MOYENS D'Y REMÉDIER.

Les habitans de nos colonies des Antilles se plaignent d'être injustement traités par le gouvernement de la métropole, en ce que, d'un côté, on les assujettit à n'avoir d'autres débouchés pour les produits de leurs récoltes que les marchés de la métropole, et à ne recevoir que de la métropole les objets nécessaires à leur consommation; en ce que, d'un autre côté, loin de leur offrir un avantage qui puisse leur faire regarder cet assujettissement comme un ordre de choses réciproquement utile, on sacrifie leurs intérêts à ceux de la métropole, ou plutôt à ceux du fisc, de telle manière que si le système suivi depuis cinq ans devait durer deux ans encore, ils se trouveraient complètement ruinés à la fin de cette courte période,

Ces plaintes des colons ne sont que trop fondées. Nous avons la preuve, par l'examen de leurs comptes avec les maisons de commerce du Havre, de Nantes, de Bordeaux, etc., qu'ils perdent jusqu'à 60 pour 100 et au-delà, sur les remises de denrées qu'ils font en France. Et certes un tel résultat de leurs relations avec la métropole, doit surprendre toutes les personnes qui ont conservé le souvenir de la prospérité dont jouissaient nos colonies avant la révolution, c'est-à-dire à une époque où la France consommait moins de denrées coloniales qu'actuellement, et où pourtant elle possédait un plus grand nombre de colonies.

Il faudra bientôt que le gouvernement s'occupe des doléances dont nous venons d'indiquer le sujet important, et qu'il en vienne à un *changement de système* à l'égard de nos colonies.

Il nous paraît donc convenable de tracer, dès à présent, un aperçu des causes auxquelles doivent s'attribuer les pertes qu'essuient les colons de la Martinique et de la Guadeloupe sur leurs remises dans nos ports, ainsi que des moyens de rétablir en leur faveur une juste balance.

Nous parlerons ensuite de la *contrebande*,

soit d'exportation, soit d'importation, qui se pratique dans les deux colonies, au grand étonnement de nos administrateurs métropolitains, et qui n'est cependant qu'une conséquence toute naturelle de la répugnance qu'éprouvent quelques colons à se ruiner pour demeurer fidèles au pacte de prohibition.

Les points sur lesquels se fonde la réclamation des habitans de la Martinique et de la Guadeloupe sont au nombre de quatre :

1°. L'admission des sucres et cafés étrangers à la consommation intérieure de la France, soit par navires étrangers, soit par navires français ;

2°. La trop grande modération des droits d'entrée imposés sur ces denrées étrangères ;

3°. Le taux trop élevé des mêmes droits imposés sur les denrées provenant de nos colonies ;

4°. Le taux trop élevé des droits de sortie et autres impôts perçus par l'administration coloniale.

§ Ier. — Sur le premier point, *l'admission des sucres et cafés étrangers à la consommation intérieure de la France*, il faut dire que, pour être juste envers ses colonies, la métropole, en les assujettissant à n'avoir d'autres débouchés que ses ports, devrait, par réciprocité, n'admettre à sa consommation intérieure que les denrées provenant de leurs cultures, sauf l'admission momentanée des sucres ou cafés étrangers, pour le cas seulement où nos marchés viendraient à se ressentir d'une diminution trop marquée dans les approvisionnemens (1).

On objecte, contre une réclamation si bien fondée en droit, que le commerce français peut chercher son aliment partout où il le trouve, et que ce serait violer la liberté du commerce, nuire essentiellement aux progrès de la navigation et à l'accroissement de notre marine, que d'interdire l'importation des sucres de Manille, de la Cochinchine, de l'Inde, du Brésil, de Cuba, etc.

Nous répondons que le commerce, considéré comme une partie du corps social, ne peut prétendre à jouir d'une liberté tellement illimitée,

---

(1) Nous ne parlons pas du coton, du cacao, de l'indigo, ni des épiceries, parce que les colonies qui nous restent en produisent trop peu pour qu'on ne soit pas obligé d'admettre ce qu'apportent les étrangers, ou ce que nos bâtimens vont chercher dans leurs ports.

qu'elle entraîne la ruine infaillible d'une autre partie non moins recommandable de cette société. Or, s'il est évident que les colonies françaises doivent périr par l'effet de la concurrence des sucres étrangers, la liberté du commerce français doit être limitée quant à l'introduction des sucres étrangers. Autrement, il faudrait dire aux colonies françaises : « Nous vous dégageons « des liens du pacte prohibitif; faites comme le « commerce français, *cherchez votre avantage* « *partout où vous le trouverez.* »

Mais autre chose est, d'ailleurs, de refuser d'admettre les sucres et cafés étrangers à la consommation intérieure de la France, ou d'interdire au commerce français toute spéculation sur cette nature de denrées. Nous n'allons pas jusqu'à dire que telle maison de Bordeaux qui envoie ses bâtimens à Manille, ou à la Cochinchine, ou dans les possessions anglaises de l'Indostan, soit forcée de renoncer à cette branche de commerce. Nous demandons seulement que les sucres et cafés qui nous viennent de ces expéditions ne soient pas admis à la consommation intérieure du royaume; nous demandons qu'on les reçoive en *entrepôt*, et que les négocians spéculateurs ne puissent les tirer de l'entrepôt que pour les répandre dans les marchés de l'Europe, autres que les marchés de France.

Cette proposition d'un *entrepôt* pour les sucres et cafés étrangers se présente à beaucoup d'esprits comme une innovation ; et par cela seul on la déclare inadmissible.

Il nous semble qu'une innovation dont l'utilité et la nécessité même seraient démontrées, ne devrait pas éprouver de contradiction de la part des véritables hommes d'Etat ; et qu'au contraire ceux-ci feraient preuve de leur aptitude aux affaires en se déclarant pour cette innovation. C'est ainsi qu'après avoir été repoussée long-temps par de vieux préjugés, l'*assurance des maisons*, établie dans plusieurs États de l'Europe, a fini par s'établir en France avec l'autorisation du gouvernement.

Eh bien! pour l'établissement d'un *entrepôt des sucres et cafés étrangers*, nous avons de même l'exemple qui nous a été donné par un autre État de l'Europe, par l'Angleterre. Le gouvernement britannique, qui, mieux que tout autre, comprend le véritable intérêt de son commerce, ne lui accorde pourtant pas la faculté d'introduire des sucres et cafés étrangers pour la consommation intérieure des trois royaumes : il lui permet d'en apporter de toutes les parties du globe ; mais il ne les reçoit qu'en entrepôt, et ne les laisse sortir de l'entrepôt que pour l'exportation. Cette mesure a été adoptée dans l'unique vue de réserver aux colonies anglaises un débouché et une faveur sans lesquels elles tomberaient bientôt dans l'état de ruine que redoutent et que prévoient en ce moment nos propres colonies.

La protection accordée par l'Angleterre à ses colonies est si absolue dans son principe et dans ses effets, qu'à une époque récente, lorsque la Martinique et la Guadeloupe se trouvaient au pouvoir des Anglais, les denrées de ces deux îles, où flottait le pavillon britannique, ne furent point admises chez eux à la consommation intérieure, et subirent, comme denrées étrangères, l'inévitable loi de l'entrepôt, dont la rigueur équivalait à une prohibition totale, puisqu'à cette même époque le *blocus continental* ne permettait pas de les tirer de l'entrepôt pour les répandre dans les divers marchés de l'Europe. Vainement les habitans de la Guadeloupe adressèrent-ils un Mémoire au comte de Liverpool, et lui dépeignirent-ils la situation déplorable où les réduisait une telle mesure (1) : le ministère fut inflexible ; il ne

(1) Nous avons en mains une copie de ce Mémoire.

fallut rien moins que la restauration du trône des Bourbons pour sauver, cette fois, la Guadeloupe et la Martinique, qui, aujourd'hui, par une bizarrerie de circonstances bien remarquables, se trouvent condamnées à voir toutes les denrées des colonies étrangères, même celles des colonies anglaises, admises à la consommation intérieure de la France.

L'objection la plus forte qui puisse être faite à l'établissement de l'*entrepôt*, ce serait la diminution qui en résulterait pour le produit des douanes. Mais ne pourrait-on pas trouver un moyen de combler ce *déficit?* et, dans tous les cas, faut-il, pour conserver quelques millions de plus au budget des recettes, faut-il, disons-nous, compromettre l'existence de nos colonies?

§ II. — Si le gouvernement jugeait impossible d'établir l'*entrepôt* pour les denrées provenant des colonies étrangères; si la concurrence de ces denrées avec celles de nos colonies devait continuer; au moins faudrait-il que la faveur du gouvernement à l'égard de ces dernières se manifestât par un tarif de droits d'importation qui rendît la concurrence moins attrayante pour les étrangers.

Or, le tarif, tel qu'il existe actuellement, ou tel qu'on se propose de l'établir cette année, avec de légères modifications, ne présente pas une différence suffisante pour que nos colonies puissent lutter avec avantage contre l'admission des denrées étrangères. Il nous paraîtrait convenable de surcharger celles-ci d'une augmentation de droits de *vingt francs*, au moins, par cinquante kilogrammes, lorsqu'elles viennent sur des bâtimens français, et de *trente francs* lorsque des navires étrangers nous les apportent.

Plusieurs considérations viennent à l'appui de cette opinion.

En premier lieu, le frêt s'obtient à meilleur marché sur les navires étrangers, principalement sur ceux des Anglais, des Américains et des Hollandais.

En second lieu, les frais de culture, dans les colonies étrangères, sont incomparablement moins élevés que dans nos colonies des Antilles.

Enfin, les droits de sortie et autres impositions qui pèsent sur les colons étrangers, sont aussi de beaucoup au dessous des mêmes droits et impositions perçus dans nos colonies.

De là il résulte que si, à l'introduction des denrées étrangères dans les ports de France, on ne leur fait pas payer un droit d'entrée qui excède de beaucoup celui auquel sont assujettis les chargemens faits dans nos colonies, la concurrence présentera toujours de l'avantage aux étrangers, lorsqu'elle ne donnera que de la perte à nos malheureux colons.

§ III. — Mais ce serait peu d'augmenter les droits d'importation sur les denrées étrangères, comme nous venons de le proposer : on ne ferait ainsi que diminuer la perte éprouvée par les colons; tandis que la justice exige qu'on procure à ceux-ci un bénéfice raisonnable, sans la perspective duquel ils resteront découragés, et laisseront nécessairement tomber en ruines leurs manufactures.

Nous apercevons deux moyens de procurer ce bénéfice, et ils nous paraissent devoir être employés simultanément.

Le premier moyen serait de dégréver nos denrées coloniales d'une partie des droits d'importation, de telle manière que le fisc, qui sans doute n'entendrait pas faire tourner à son profit la *plus value* résultant de l'augmentation sur les étrangers, fît l'abandon de cette plus value en faveur des colons.

Pour nous exprimer plus nettement, nous

dirons que si l'on se décidait à augmenter de *vingt francs* les droits d'importation sur les étrangers, ces mêmes droits devraient être diminués de *vingt francs* en faveur des colons.

Il est bon de faire remarquer que la trop faible augmentation proposée par M. le directeur-général des douanes, à l'égard des étrangers, serait totalement au profit du fisc, puisque cet administrateur ne propose aucune diminution en faveur de nos colonies.

Le second moyen de bénéfice, dont nous avons parlé plus haut, va être indiqué dans le quatrième paragraphe.

§ IV. — Il serait juste encore de diminuer les droits d'exportation qui se perçoivent actuellement dans nos colonies, sur toutes les denrées qu'elles produisent; car il a toujours été de principe, en bonne administration coloniale, que le fardeau des impôts ne doit pas s'appesantir trop lourdement sur les habitans de nos îles d'Amérique, qui sont sans cesse exposées aux ravages d'un climat destructeur des hommes et des propriétés. Louis XIV, dans ses ordonnances, recommandait aux administrateurs de ces possessions lointaines, de maintenir les colons dans un état de prospérité qui seul pouvait les attacher au sol et encourager les grandes cultures. Louis XV et Louis XVI firent toujours les mêmes recommandations; et toujours nos colonies jouirent d'une aisance sans laquelle elles n'auraient pu, comme elles le firent souvent dans le cours d'un siècle, se relever des désastres dont elles furent affligées tantôt par les ouragans, tantôt par les maladies épidémiques, ou par le fléau de la guerre.

En 1789, la Martinique et la Guadeloupe ne payaient qu'*un pour cent* pour droit d'exportation de leurs denrées, qu'on appelait *droit du domaine d'occident;* les autres impositions personnelles ou indirectes y étaient aussi très-modérées; et pourtant ces deux colonies, surtout la Martinique, avaient alors atteint le plus haut point de leur prospérité.

Depuis la révolution, la Guadeloupe, pour ne parler ici que de celle qui nous est plus particulièrement connue, n'a fait que gémir sous le poids des charges les plus exorbitantes, malgré l'affaiblissement de ses ressources et les calamités de tout genre qui l'ont désolée. Les Anglais, qui en furent maîtres du commencement de 1810 jusqu'à la fin de 1814, eurent égard, jusqu'à un certain point, à sa pénible situation. S'ils n'admirent pas ses denrées à la consommation intérieure de leur métropole, du moins ils firent une chose juste en la dispensant de payer la capitation, c'est-à-dire un droit de vingt livres par tête de nègre de grande culture. Ils remplacèrent ce droit par une perception sur la sortie des denrées, qu'ils évaluèrent ainsi : 120 livres par millier pesant de coton, 45 livres par millier de café, 27 livres par millier de sucre terré, 18 livres par millier de sucre brut, et 9 livres par 100 galons de sirop ou mélasse; et cela indépendamment du droit d'*un pour cent* dont nous avons parlé ci-dessus. D'après cet arrangement, les habitans au moins ne payaient l'impôt qu'autant qu'ils trouvaient un débouché pour leurs récoltes. Les Anglais d'ailleurs se chargèrent de pourvoir à la solde et à l'entretien de la garnison.

Tel était l'état des choses à la Guadeloupe, lorsque cette colonie nous fut rendue, après la restauration. Alors se rétablirent ses anciens rapports avec la France monarchique, et elle crut toucher au terme de ses malheurs; mais nous n'exagérons pas en assurant que jamais, au contraire, elle ne se vit si près de sa ruine qu'elle l'est en ce moment. On peut le croire déjà, d'après ce que nous avons dit du préjudce que lui cause l'admission des sucres et cafés étrangers en France, ainsi que l'immodération des droits auxquels ses propres denrées y sont soumises : on en sera tout à fait convaincu, lorsque nous aurons démontré qu'elle est en outre imposée à près du quadruple de ce qu'elle payait en 1789 pour les dépenses de son administration.

Le total des impositions à la Guadeloupe, en 1789, n'excédait pas 667,000 francs (argent de France), y compris le droit d'*un pour cent* sur la sortie des denrées. Le roi y faisait passer annuellement 450,000 francs; ainsi, les dépenses publiques de cette colonie se bornaient à 1,117,000 francs. Alors on y comptait 90,000 nègres de culture, et toutes les plantations y étaient dans le meilleur état de rapport.

Depuis que nous sommes rentrés en possession de la Guadeloupe, en 1816, les dénombremens ne portent la population des nègres de culture qu'à 44,000. Un certain nombre de petites habitations ont été abandonnées faute de bras pour en exploiter les terres; toutes les grandes propriétés ont perdu plus ou moins de leur importance, par la même raison. Or, voici le relevé des impositions perçues par l'administration de la Guadeloupe en 1817, malgré l'état de dépérissement où elle est tombée.

Impositions directes. . . .	480,000 fr.
Impositions indirectes. . .	1,870,000
Total.	2,350,000 (1)
Si l'on déduit de cette somme le montant des impositions de 1789, ci.	667,000
On trouve, pour 1817, un excédent d'impôts de. . . .	1,683,000

Maintenant, si nous ajoutons que le gouvernement de la métropole fit passer à la Guadeloupe, en 1817, une somme de 1,500,000 fr., pour contribuer aux frais de l'administration, que pensera-t-on de l'énorme différence de ces frais aux deux époques? En 1789, *onze cent dix-sept mille francs;* en 1817, *trois millions huit cent cinquante mille francs !.....* Et pourtant la Guadeloupe est dépeuplée et appauvrie de moitié!.....

La Martinique présente une différence en-

(1) Nous avons entre les mains le tableau détaillé de ces impositions, certifié par les premiers administrateurs de la colonie.

core plus forte, sous le rapport des impositions; mais il est vrai de dire que les évènemens désastreux de la révolution s'y sont moins fait sentir, et que, par conséquent, cette colonie, toutes proportions gardées, ne souffre pas plus que celle de la Guadeloupe.

En 1789, la Martinique paya, pour tout impôt. . .	1,000,000 fr. (1)
En 1816, elle a payé. . .	5,000,000 (2)
Différence. . .	4,000,000 fr.

Il sera bon de faire voir comment on est parvenu à porter jusqu'au taux de 2,350,000 francs les impositions qui, à peu de variations près, se perçoivent sur les habitans de la Guadeloupe depuis 1817.

D'abord, l'ancien droit du *domaine d'occident*, qui, avant la révolution, était d'*un pour cent* sur la sortie des denrées, est actuellement de *deux pour cent*; ensuite, la contribution personnelle et mobilière, la taxe sur

(1) *Voyez* l'ordonnance qui fixe le montant de l'impôt pour 1789, *Code de la Martinique*, tome IV, page 122.

(2) *Voyez* les *Comptes généraux de la Martinique*, publiés à Paris, en 1817, pages 4 et 5.

les propriétaires de maisons, et d'autres taxes sur l'industrie, ont été considérablement augmentées; on en a même créé qui n'existaient pas auparavant. Enfin, l'on a maintenu le nouveau droit de sortie établi par les Anglais, en remplacement de la *capitation*; et cela, parce qu'on a calculé que ce nouveau droit rapportait beaucoup plus qu'à l'époque où les habitans en sollicitèrent l'établissement, puisque l'exportation de leurs denrées n'éprouve plus le même obstacle qu'à cette époque, où, par l'effet du blocus continental, les récoltes de trois années encombraient leurs magasins (1).

---

(1) Le maintien de ce nouveau droit sur la sortie des denrées, porte aux habitans de la Guadeloupe un préjudice d'une autre nature bien remarquable, sous le rapport de leurs *droits politiques*. La capitation, telle qu'elle se payait anciennement, était une contribution *directe* : ce droit, converti en taxe sur la sortie des denrées, n'est plus considéré que comme contribution *indirecte*, parce que les douanes en font la perception. Or, tel habitant de la Guadeloupe qui possède une propriété en France, et qui veut y exercer ses droits politiques aux élections, serait électeur de première classe ou même éligible, s'il pouvait joindre à la preuve des impositions directes qu'il paie en France, le certificat d'une autre imposition directe payée à la Guadeloupe.

C'en est assez pour faire juger que les habitans de nos colonies des Antilles ne se plaignent pas du poids de leurs charges, sans de très-justes motifs.

Observations sur la contrebande.

On a malheureusement réussi jusqu'à présent à étouffer le cri de détresse que poussent, de si loin, les habitans des colonies françaises des Antilles, et l'on a cherché à les rendre défavorables aux yeux de notre auguste Monarque, en les dépeignant comme enclins à enfreindre les ordonnances qui les assujettissent à n'avoir de relations commerciales qu'avec la

---

Mais vainement vient-il produire une reconnaissance des impositions qu'il paie dans la colonie, et qui s'élèvent à quatre ou cinq mille francs; on lui objecte que ce sont des impositions *indirectes*, puisque la perception en est faite par les douanes; on refuse de l'inscrire au tableau des électeurs éligibles. De vives réclamations ont été adressées à ce sujet aux ministres du Roi; et certes, elles sont d'un assez haut intérêt pour motiver une décision qui enjoigne aux administrateurs de la Guadeloupe de rétablir la capitation telle qu'elle existait anciennement, lorsque d'ailleurs les colons la trouveraient moins onéreuse que le droit perçu par les douanes.

métropole. En un mot, on les accuse de faire la *contrebande d'importation et d'exportation*, au grand détriment du commerce de France, qui, d'un côté, ne trouve pas dans ces colonies le débouché de ses marchandises, et qui, d'autre part, y trouve rarement du fret pour ses navires, au retour en Europe.

Nous ne pouvons nier qu'il se fasse de la contrebande à la Martinique et à la Guadeloupe, dans l'état actuel des choses. Mais nous dirons d'abord qu'on a beaucoup exagéré les rapports à ce sujet. Du reste, nous allons démontrer que si le mal existe, il ne faut l'attribuer qu'à l'excès de misère et de désespoir auquel les colons sont réduits par le funeste système que nous combattons dans cet écrit. Que sera-ce, quand nous aurons révélé que les individus qui se livrent au commerce interlope sont excités et favorisés par les employés de l'administration?

Nous ne parlerons encore ici que de ce qui se passe à la Guadeloupe, parce que nous avons sur cette colonie des renseignemens plus positifs que sur la Martinique.

Les habitans de la Guadeloupe, qui, depuis cinq ans, ne trouvent que de la perte dans les envois de leurs denrées en France, et qui sont écrasés sous le fardeau des taxes de tout genre, se voient menacés, comme nous l'avons dit, d'une ruine dont le moment fatal s'avance avec une effrayante rapidité. Cependant les engagemens qu'ils ont contractés envers leurs créanciers arrivent à échéance : tout moyen d'y faire honneur leur échappe, car ils ne font que s'endetter de plus en plus; les condamnations sont prononcées; la saisie et l'expropriation se montrent en perspective. Pour comble d'embarras, l'impossibilité où sont ces habitans de fournir à leurs nègres des vêtemens et des vivres en abondance, comme dans les temps de prospérité, fait craindre à chacun d'eux un soulèvement partiel, qui, gagnant de proche en proche, deviendrait une insurrection générale capable de compromettre l'existence de tous les *blancs* de la colonie.

Faut-il donc s'étonner que, dans une telle position, l'oreille de quelques-uns des colons de la Guadeloupe se soit trouvée accessible à des propositions de commerce interlope ? Des hommes qui, dans tous les pays, savent quels profits donne ce commerce, leur ont appris à calculer que s'ils faisaient passer clandestinement une partie de leurs récoltes à Saint-Thomas (île danoise), à Saint-Barthélemy (île suédoise), à la Dominique ou à Antigue (îles anglaises), ils en obtiendraient un meilleur prix qu'en France, et que, d'ailleurs, ils épargneraient ainsi les droits de sortie. Les premiers essais ont confirmé, par leurs résultats, la justesse de ces calculs. En conséquence, la contrebande est devenue bientôt plus active; et voici comment elle se pratique.

Les employés de la douane à la Guadeloupe sont sédentaires dans les deux villes de la Basse-Terre et de la Pointe à-Pître; leurs fonctions se bornent à visiter les navires qui arrivent et ceux qui partent, pour vérifier si les chargemens sont conformes aux déclarations des capitaines. Il n'y a point de cordon de douaniers sur les côtes de l'île, comme on en voit en France sur les frontières. On peut juger, dès-lors, combien il est facile aux habitans des côtes d'entretenir des relations de contrebande avec les îles voisines. En effet, les chargemens de denrées se font la nuit, et les petits bâtimens qui les transportent sont hors de vue à la pointe du jour. Ces mêmes bâtimens reviennent une autre nuit, et ils débarquent, en plus ou moins grande quantité, des marchandises prohibées, telles que bœuf et cochon salé, farine de froment, maïs, riz, beurre de Cork, blanc de baleine, suif, huile, faïence, verrerie, fer ouvré et en barres, instrumens aratoires, quincaillerie, coutellerie, mousselines, perkales, toiles de coton teintes, nankins, bas de coton, draps anglais, casimirs, basins, flanelles, mouchoirs de Madras, etc., etc.

C'est ainsi que quelques-uns des colons dont les propriétés sont situées loin des villes et sur le bord de la mer, se procurent, par une double fraude : 1° le débouché avantageux de leurs récoltes; 2° les objets nécessaires, soit à l'habillement comme à la nourriture de leur famille et de leurs nègres, soit aux travaux de leur culture. Quant à l'excédant de ces marchandises étrangères, ils le font vendre dans l'intérieur de l'île, par des serviteurs intelligens qui vont colportant d'habitation en habitation, et qui rapportent à leurs maîtres de l'argent comptant. Ils envoient même à la Pointe-à-Pître et à la Basse-Terre des pirogues qui arrivent sans être visitées, à la faveur de la nuit, et qui introduisent de semblables marchandises, vendues d'avance à de hardis spéculateurs de ces villes, que n'effraie pas le risque de la revente en détail sous les yeux des agens de la douane.

Les choses en sont venues au point qu'on a

vu même entrer dans le port de la Pointe-à-Pître des bâtimens chargés de marchandises prohibées, mais dont le manifeste de cargaison indiquait des objets que les ordonnances permettent d'importer : et les barriques ou caisses contenant ces marchandises ont été débarquées en plein jour; soit qu'on ait surpris la vigilance des visiteurs, soit qu'il y ait eu connivence de leur part. Il arriva une fois, en 1817, que le public fut mis dans la confidence de cette manœuvre par un bien simple accident. Un bâtiment expédié d'Antigue, était venu ainsi à la Pointe-à-Pître, avec une cargaison composée, en apparence, d'objets non prohibés : on débarquait, vers onze heures du matin, des boucauts ou tonneaux qui étaient censés contenir de la bière en bouteilles; un de ces tonneaux se défonça sur le quai, et au grand étonnement des spectateurs, il en sortit des pièces de mousseline, de perkale, de mouchoirs des Indes. On pensa généralement à ce sujet, que les visiteurs de la douane étaient coupables au moins d'une grande négligence dans l'exercice de leurs fonctions. Des faits du même genre, beaucoup plus récens, ont fini par compromettre si gravement certains employés de l'administration coloniale, que, pour se soustraire au jugement qui devait s'ensuivre, ils ont abandonné leur poste et sont passés en pays étranger, où sans doute ils ont emporté ce qui peut les consoler de n'être plus Français.

On jugera par ces détails, que nous sommes loin de vouloir dissimuler la réalité de la contrebande imputée aux habitans de la Martinique et de la Guadeloupe. Nous disons seulement qu'on a trop généralisé le reproche, et que tous les habitans ne sont pas solidairement responsables de la faute de quelques-uns. Nous disons encore que ceux auxquels ce reproche peut justement s'appliquer sont peut-être excusables, si l'on considère les circonstances qui les ont forcés de recourir à une telle ressource; et surtout, s'il est vrai que des fonctionnaires publics, spécialement chargés de veiller à la stricte exécution des lois prohibitives, ont au contraire donné l'exemple de l'infraction.

Quoi qu'il en soit, le mal existe avec plus ou moins d'étendue, et ses conséquenccs sont certaines. D'une part, il en résulte diminution dans la masse des denrées coloniales qui ne devraient avoir de débouché qu'en France; d'un autre côté, les marchandises étrangères introduites dans les deux îles, malgré la prohibition, diminuent nécessairement la consommation qui s'y ferait des marchandises que peut fournir le commerce français. Mais nous croyons avoir prouvé que le mal et ses conséquences viennent de la force des choses, c'est-à-dire de l'extrême injustice du système d'après lequel sont établies, depuis cinq ans, les relations de la France avec ses colonies.

Il n'y a qu'un changement de système, un retour aux anciens principes émanés de la bonté paternelle de nos Rois, qui puisse terminer ce malheureux *procès de famille.* Il ne faut pas persister avec une inflexible rigueur dans des principes contraires qui n'ont prévalu que depuis et par la révolution. Grâce à Dieu, nous ne sommes plus au temps où des législateurs révolutionnaires osaient dire : *Périssent les colonies plutôt que nos principes!*

Résumé et conclusion.

Après avoir présenté l'esquisse de la situation où se trouvent actuellement nos colonies des Antilles, relativement à leurs rapports avec la métropole, nous pouvons déclarer, comme conséquence évidente, que si le commerce de France a quelque droit de se plaindre du peu d'avantage que lui offrent ces rapports, les colonies, de leur côté, sont bien autrement fondées à invoquer la sollicitude des ministres du Roi.

Mais admettons que le sujet de plainte soit égal de part et d'autre : toujours est-il qu'on se plaint réciproquement. Or, lorsque deux parties distinctes de la société sont liées entre elles par un contrat dont l'exécution ne satisfait aucune des deux, on doit reconnaître que ce contrat a pour base un *faux système*.

Sans doute, M. le baron Portal avait été frappé de la vérité d'une telle remarque, lorsqu'il disait à la Chambre des députés (1) : « Il « est très vrai que les colonies de la Martinique « et de la Guadeloupe se plaignent de la situa- « tion où elles se trouvent ; il est très-vrai que « le commerce se plaint des mauvais résultats « de ses expéditions dans ces colonies. Une si- « tuation semblable mérite toute l'attention du « gouvernement; car si les colonies se plaignent, « si le commerce se plaint également, *il faut « qu'il y ait quelque* VICE FONDAMENTAL. »

Il y a bientôt deux ans que le ministre de la marine et des colonies tenait ce langage. Qu'a-t-on fait jusqu'à présent pour détruire le *vice*

(1) Séance du 24 juin 1820.

fondamental ? Rien ; et nos colonies souffrent toujours de plus en plus, et l'instant de leur ruine complète, nous le répétons, s'approche avec rapidité !

Dira-t-on qu'on n'a pas encore eu le temps de s'éclairer sur les véritables causes du mal ? Nous répondrions qu'elles sont assez majeures et assez frappantes pour n'avoir pu se dérober, depuis cinq ans, aux recherches du ministère, à qui d'ailleurs les documens n'ont pas manqué.

Mais enfin nous venons d'exposer la vérité dans tout son jour : il ne s'agit donc plus que de prendre un parti sur les remèdes à employer.

Eh bien ! nous avons également indiqué les remèdes ; car il n'y en a d'autres que le contraire des différens points du système qui a produit le mal.

Le premier, et le plus efficace, serait de proposer aux Chambres un projet de loi qui prohiberait pour l'avenir l'admission des sucres et cafés étrangers à la consommation intérieure de la France : sauf l'établissement d'un entrepôt, comme en Angleterre, et sous la réserve de l'admission momentanée, si le besoin s'en faisait sentir. Nous insistons fortement à cet égard, parce que nous sommes persuadés que la concurrence des étrangers pour l'approvisionnement du royaume, ne laissera jamais aux habitans de nos colonies la possibilité de réparer les pertes qu'ils ont essuyées par l'effet de la révolution : d'ailleurs, quand la métropole exige que ses colonies n'envoient qu'à elle seule le produit de leurs récoltes, n'est-il pas de toute justice qu'elle s'interdise la consommation des denrées de même nature, provenant d'autres colonies, à moins d'insuffisance bien reconnue dans le tribut des premières ?

Si les réclamations des colons sur ce point capital sont accueillies, nous demanderons ensuite pour eux une diminution de *vingt francs* par cinquante kilogrammes, sur les droits d'importation auxquels ils sont actuellement soumis ; car ces droits seraient toujours exorbitans, quand bien même nos denrées coloniales n'auraient plus contre elles la concurrence des étrangers (1).

Nous demanderons encore la diminution des charges énormes qui pèsent sur les colons dans leurs foyers, c'est-à-dire pour ceux de la Gua-

(1) On a calculé que, d'après le tarif des douanes actuellement en vigueur, les droits d'importation qui se perçoivent sur les productions de nos colonies sont dans la proportion de 7 à 1, relativement à ceux qu'elles supportaient en 1789.

deloupe particulièrement, la réduction des droits de sortie à *un pour cent*, et le rétablissement de la *capitation*.

Enfin, si nous n'obtenons pas la prohibition des sucres et cafés étrangers, nous demanderons qu'au moins les droits d'importation en France soient augmentés, sur ces denrées, de *trente francs* par cinquante kilogrammes, lorsqu'elles seront importées par navires étrangers, et de *vingt francs* dans le cas de chargement sur navires français.

Tels sont nos vœux; et nous osons assurer que par leur accomplissement cesseront les plaintes des colons comme celles des négocians de la métropole. En effet, lorsque les colons trouveront en France un bénéfice raisonnable sur leurs remises, ils ne songeront plus à entretenir les relations toujours périlleuses d'un commerce interlope; et lorsqu'ils seront rendus à l'état d'aisance qui seul peut les encourager dans leurs pénibles travaux, ils consommeront, en quantité beaucoup plus considérable, les productions de notre sol et de nos manufactures. Ainsi, les liens d'attachement qui ont toujours uni les Français d'Europe et les Français des colonies, se resserreront par la force du *mutuel intérêt*.

Le moment est opportun pour soumettre de telles considérations aux ministres du Roi, qui se montrent animés d'un vif désir d'améliorer, dans toutes ses parties, l'administration générale du royaume. Le porte-feuille de la marine et des colonies se trouve entre les mains d'un noble et loyal militaire qui ne peut avoir d'autre ambition que celle d'honorer encore un nom illustre par la sagesse dont il fera preuve dans les conseils de SA MAJESTÉ. Les colons vont avoir pour défenseur *d'office*, à la Chambre des députés, M. le comte de Vaublanc, qui, à d'autres époques, les défendit avec tant de talent et d'énergie : nous espérons que beaucoup de voix éloquentes se joindront à la sienne. M. le duc de Fitz-James, M. le marquis d'Herbouville et d'autres orateurs des plus distingués, sont appelés aussi à soutenir cette grande cause dans la Chambre des pairs.

Si quelqu'un demandait quelle mission nous avons nous-même pour préluder, comme nous venons de le faire, à ces importans débats, notre réponse se trouverait dans le passage suivant d'une lettre qui nous est adressée de la Guadeloupe, sous la date du 10 décembre dernier, par une personne dont nous regrettons de n'être pas autorisé à citer dans un écrit public le nom et les éminentes fonctions : « La Gua« deloupe vous est connue ; sa prospérité et son « bonheur doivent vous intéresser : vous pouvez « donc en parler avec l'expression de la vérité. « Elle est dans un état de souffrance qui l'abat « et la décourage. Assaillie depuis plusieurs « années par les fléaux de son climat, environ« née de dangers plus ou moins imminens...., « elle voit encore le fruit de son industrie agri« cole repoussé en quelque sorte de la métro« pole par la concurrence des sucres étrangers, « et par un droit d'entrée si élevé, qu'il n'y a « que perte et que ruine pour elle..... Le dé« couragement est général, et il influe déjà « d'une manière sensible sur l'état des cultures « coloniales, qui ne reçoivent plus la même « impulsion d'activité que dans les dernières « années. Il est temps que l'on renonce aux « mesures anti-coloniales adoptées en France, « et que l'on revienne à un système mieux « combiné des rapports commerciaux de la « métropole avec ses colonies, etc. »

FIN.

www.ingramcontent.com/pod-product-compliance
Lightning Source LLC
LaVergne TN
LVHW020259230826
846091LV00006B/2482
9782013339810